Hans-Martin Stäbler

Bitte keine halben Sachen

30 Mutmach-Andachten

mediaKern

Liebe Leserinnen und Leser, ein Gruß voraus!

Als ich mit 19 Jahren Christ geworden bin, lebten wir in einer heißen Zeit. Mitten in den 68er-Jahren des letzten Jahrhunderts gab es die »Jesus-People-Bewegung«. Ein Jugendimpuls von amerikanischen Gemeinden. Öffentlich bekannten wir damals als junge Christen überall: »Jesus first!«

An einem Samstagabend trafen wir uns mit unserem Jugendkreis in einem Steinbruch auf der Schwäbischen Alb – ein christliches Abenteuer mit Lagerfeuer. Wir sangen unsere Lieder mit Gitarre, beteten miteinander und lasen intensiv in der Bibel. Einige Freunde erzählten von ihren Jesus-Erfahrungen, die sie in der zurückliegenden Woche mitten im Alltagsgeschäft oder Studium erlebt hatten. In unseren Herzen brannte die Frage nach der ganz persönlichen Berufung. Auch mich beschäftigten meine Zukunftsperspektiven sehr. »Was will Jesus aus meinem Leben machen? Was soll ich tun, um Jesus zu dienen? Wie kann er durch mich die Welt bewegen?« Elektroingenieur, das war mein Ziel bis dahin gewesen – oder aber der neue Weg, Verkündiger und Theologe für missionarische Jugendarbeit?

An diesem Abend im schwäbischen Steinbruch waren wir so von Gottes Geist bewegt, dass wir als junge Christen einander versprachen: Alles in unserem Leben soll sich um Jesus Christus drehen. Er soll unsere Mitte sein und bleiben. Alle Entscheidungen, unser Denken, unser zukünftiges Handeln, unser ganzes Leben, auch mit allen Beziehungen, soll er bestimmen. Ich werde das nicht vergessen, denn dies war ein heiliger Moment in meinem Leben: »Alles dreht sich um Jesus.« Ein großes Versprechen mit vielen Konsequenzen.

Nun ist meine Lebensuhr mehr als 45 Jahre weiter und immer noch ist dies mein Wunsch, mein Motto und meine Bitte: »Herr, sei du die Mitte meines alltäglichen Lebens! Alles soll sich um dich drehen.« Dazu habe ich bei unzähligen Gottesdiensten, bei Evangelisationen, Freizeiten, Jugendtreffen und persönlichen Gesprächen eingeladen: Jesus zu vertrauen.

Mit diesen 30 Mutmach-Andachten möchte ich einfach zeigen, wie Gott uns segnet, wenn wir ganz nah bei ihm bleiben und uns mitten im Alltag fest an Jesus anlehnen. Bitte, keine halben Sachen im Leben und im Glauben!

Ihr/Euer Hans-Martin Stäbler
hans-martin@diestaeblers.de

Der Herr denkt an uns und segnet uns.
Psalm 115,12

Eine Postkarte, die begeistert

Ich freue mich sehr über WhatsApp-Nachrichten und Bilder mit Smileys von meinen Enkeln. Diese Infos zeigen ihre Liebe und Verbundenheit. Als gefühlvoller Mensch liebe ich handgeschriebene Postkarten aber noch mehr. Wenn ich in der Urlaubszeit eine originelle Karte von lieben Freunden erhalte, bin ich begeistert. Auch gehört dies zu meinen schönsten Geburtstagsgeschenken: bunte und lustige Postkarten auf meinem Gabentisch.

Solch eine Postkarte zeigt mir, dass es Menschen gibt, die mich nicht vergessen haben. Freunde, die an mich denken, besonders auch in herausfordernden Situationen des Lebens. Es ist etwas Großes, wenn man solche Freunde hat, die einen nicht irgendwo im Stress des Alltags auf die Seite schieben, sondern die an mich denken. Deswegen schreibe auch ich immer wieder gerne einen Brief, eine Postkarte oder eine WhatsApp-Nachricht. Freunde, die uns nicht vergessen, sind ein großes Geschenk.

Ich habe einen älteren Mann kennengelernt, der als Single lebt. Er erzählte mir, dass er zum Geburtstag und zu Weihnachten keinerlei Briefe, Geschenke oder andere Liebeszeichen erhält – Einsamkeit pur. Deshalb hat er sich entschlossen, Briefe und Päckchen an sich selbst zu schicken. Das hilft ihm, die Einsamkeit zu überleben.

Was ist diese Aussage des 115. Psalms für eine Ermutigung: Der allmächtige Gott schickt uns sozusagen einen persönlichen Liebesbrief, ein starkes Signal seiner Freundschaft – unfassbar! »Ich habe dich nicht vergessen«, das verspricht uns der lebendige Gott, der die Welt geschaffen hat, der Millionen von Lichtjahren zusammenhält, den wir nie erreichen, auch nicht mit unseren kühnsten Gedanken.

Diese Zusage Gottes gibt uns neue Kraft, wenn wir vielleicht die Berge unserer Aufgaben nicht überschauen. Das gibt uns Mut, auch wenn wir sonst vielleicht ängstliche Typen sind. Gott hat mich nicht vergessen. Und wenn ich von Menschen alleingelassen und enttäuscht werde, er lässt mich nicht allein. Seine Liebespostkarte aus Psalm 115 gilt: Er denkt an uns! Darüber freue ich mich an diesem Tag heute.

Jesus legte die Hände auf sie und segnete sie.
Markus 10,16

Segen erleben und weitergeben

Wir wünschen zum Geburtstag Gottes Segen, sagen beim Essen »Gesegnete Mahlzeit«. Wir sprechen bei festlichen Anlässen unseren Freunden den Segen Gottes zu. Zum Abschluss eines Gottesdienstes segne ich mit erhobenen Händen die Gemeinde. Und vielleicht haben Sie auch in ihrer Familie die Praxis, ihre kleinen und erwachsenen Kinder zu segnen, genauso wie Jesus das tat, als er den jungen Leuten die Hände auflegte und sie segnete.

Aber was bedeutet eigentlich Segen? Was geschieht, wenn wir andere Menschen segnen?

»Segnen« heißt in der griechischen Ursprache des Neuen Testamentes »eulogein«, das zusammengesetzt ist aus »eu« (= gut) und »logein« (= reden). Wörtlich übersetzt bedeutet es also »gut reden«. Wenn Menschen gut miteinander reden, ist das schon etwas Besonderes und stiftet Gemeinschaft. Wie oft reden wir negativ über andere Leute oder tuscheln hintenherum über sie. Wir bringen dadurch keinen Segen in ein Team, in eine Gemeinde oder in unsere Familie. Gutes Reden bedeutet Segen.

Nun geht es bei Segen nicht nur um unsere menschliche Kommunikation, auch wenn sie wichtig ist für unser Zusammenleben, sondern es geht darum, dass der lebendige Gott durch sein Wort in unser Leben hineinspricht. Wenn wir einander Bibelworte zusagen, ist das immer ein Zeichen des Segnens. Gott spricht sein gutes und konkretes Wort in unser Leben hinein. Dadurch bekommen wir eine Kraft, die uns hilft, unseren Alltag zu bewältigen. Deshalb ist es eine gute Übung, täglich auf ein frisches Wort von Gott zu hören.

Ich hoffe, dass Sie ein biblisches Wort in Ihrem Herzen tragen, das ganz zu Ihnen gehört. Ich denke dabei zum Beispiel an ein Wort zum Start eines neuen Lebensjahres oder den Konfirmationsspruch oder den Trauspruch oder ein Wort, das uns auf einem neuen beruflichen Weg begleitet. Gottes Worte, die unser Leben prägen.

Das deutsche Wort »segnen«, von dem »Segen« abgeleitet ist, stammt ursprünglich von dem lateinischen Wort »signare«, was »bezeichnen«, »besiegeln«, »unterschreiben« heißt. Man könnte also sagen: Wenn Gott uns segnet, unterschreibt er unser Leben. Das Zeichen, ja das Siegel seiner Liebe liegt auf unserem Handeln, auf unseren Entscheidungen, auf allem, was wir denken und tun. Mit Liebe segnet er uns.

So wünsche ich Ihnen an diesem Tag den Segen Gottes – die Ermutigung durch sein gutes Wort und die Erfahrung seiner Liebe.

Der Herr spricht: Ich habe dich bei deinem Namen gerufen; du bist mein!
Jesaja 43,1

Wertschätzung erleben

Ich nehme Sie für einen Augenblick mit an einen Ort, der mein Denken total verändert hat. Kommen Sie mit nach Yad Vashem in Jerusalem, der großen Gedenkstätte zur Erinnerung an die nationalsozialistische Judenvernichtung. Die Gräueltaten des Holocaust sind hier dokumentiert. Das moderne Israel und alle Besucher werden an das brutale Geschehen im Dritten Reich erinnert. Menschen, die Gott hinter die Bühne des Lebens abschieben, sind zu unvorstellbar Grausamem fähig.

In dieser Gedenkstätte gibt es einen neuen Raum, der eindrucksvoll gestaltet ist. Es ist die »Halle der Namen«. Dort werden alle Namen der etwa sechs Millionen Juden gesammelt, die umgebracht wurden. Man sieht ein dunkles Meer in der Tiefe und in der Kuppel tausendfach Bilder von umgebrachten Frauen, Männern und Kindern. Anderthalb Millionen Kinder wurden nur deshalb umgebracht, weil sie eine jüdische Mutter hatten. Grausam. Nun sucht man bis heute die Namen der Verschollenen, um in Jerusalem ein Erinnerungszeichen zu setzen. Der Name von uns Menschen steht immer für die Persönlichkeit. Der Staat Israel will den Verschollenen auch noch im Tod seine Wertschätzung zeigen.

Wenn Gott sagt: »Ich rufe dich bei deinem Namen«, dann nimmt er uns als Persönlichkeit ernst. Er gibt unserem Leben eine Würde und stärkt uns den Rücken. So wichtig sind wir dem lebendigen Gott, dass er uns bei unserem Namen ruft. »Er gedenkt unser«, so steht es an vielen Stellen des Alten und Neuen Testamentes. Dass Gott unsere Namen kennt und ausspricht, zeigt: Er kennt uns durch und durch. Er, der Schöpfer des Lebens, kennt uns besser, als wir selber uns kennen. Er weiß, was wir brauchen. Er weiß, was wir fühlen, und er will, dass unser Leben gelingt.

Für Führungskräfte gehört es zum Einmaleins der Leitungsaufgabe, ihre Mitarbeiterinnen und Mitarbeiter mit Namen anzusprechen, um ihnen auf diese Weise Wertschätzung entgegenzubringen.

Es geht mir doch auch so: Ich freue mich jedes Mal, wenn ich irgendwo hinkomme und Menschen mich mit meinem Namen begrüßen. Ich will ganz ehrlich sein: Manchmal schaffe ich es leider nicht, Namen zu behalten, und muss nachfragen.

Bei Gott ist das ganz anders – er kennt unsere Namen. Wir sind bei ihm nicht vergessen, sondern er begleitet uns jeden Tag mit seiner Wertschätzung. Er geht uns voraus und er spricht uns mit unserem Namen an. Auch heute.

Du, Gott, gibst mir den Schild deines Heils, und deine Rechte stärkt mich, und deine Huld macht mich groß.

Psalm 18,36

Die starke Hand des Vaters

Ich werde dies nie vergessen. Es war für mich ein cooles Erlebnis. Als kleiner Junge durfte ich zum ersten Mal auf dem großen Fahrrad meines Vaters fahren. Das war so um 1958. Ein Kinderrad war für unsere Familie damals viel zu teuer. Und von Stützrädchen zum gefahrlosen Testen keine Spur. Dieses große schwarze Herrenrad war mein Traum. Ich habe es heute noch vor Augen. Ich konnte kaum über die Lenkstange schauen – ein kleiner Junge auf Vaters großem Fahrrad. Dieser Tag war ein Glückstag für mich. Mehr stehend als sitzend, machte ich meine ersten Fahrversuche. Es klappte ganz gut. Ich war ehrlich stolz.

Es klappte aber nicht, weil ich so sportlich oder so fahrtüchtig war, sondern weil mein Vater mich mit seiner kräftigen Hand hinten am Gepäckträger festhielt. Manchmal ließ er kurz los und dann stützte er mich wieder sicher. Ich vergesse die starke Hand meines Vaters nicht. Sie gab mir als kleinem stolzen Jungen Sicherheit und Halt.

Wenn der große König David als Führungskraft diese Feststellung trifft: »Du, Gott, stärkst mich und hältst mich mit deiner rechten Hand fest«, dann ist das eine starke Ermutigung für uns alle.

David war nicht selbstüberheblich. Er baute nicht auf seine eigene Kraft. Er wusste: »Ich bin als König nicht die letzte Instanz.« Die Hilfe und die Güte Gottes gaben ihm Stabilität. Solche Führungskräfte in Wirtschaft, Politik und Kirche wünsche ich mir auch heute in unserem Land.

Ich weiß nicht, welche Entscheidungen heute von Ihnen getroffen werden müssen – vielleicht geht es um schwierige Herausforderungen in Familie und Beruf. Wir alle haben verantwortliche Aufgaben, die alles von uns fordern. Deswegen brauchen wir den Vater, der uns auch auf unsicheren Wegen festhält. Wer auf die Kraft der Güte Gottes vertraut, kann mutige Schritte gehen, Verantwortung übernehmen und unsere Welt mitgestalten. Und wenn wir an Grenzen stoßen, lässt er uns täglich über Mauern springen, so wie es David im Psalm 18 bekennt.

So kann ich heute mutig Neues wagen.

Der Herr wird sein Volk segnen mit »Schalom«.

Psalm 29,11

In Harmonie leben

Ich finde es immer spannend, neue Gäste und Freunde zu begrüßen. Wer aus dem hohen Norden Deutschlands kommt, grüßt mit »Moin, Moin«, andere sagen »Guten Tag« oder »Hallo« und in Bayern und in Schwaben heißt es immer noch »Grüß Gott«. In Israel ist »Schalom« der stets passende Gruß.

»Schalom« ist ein großes Wort. Aus so manchem Lied ist es uns bekannt. Ich denke etwa an das gern gesungene »Hevenu shalom alechem – Wir bringen Frieden euch allen«. Die Dichterin Nelly Sachs beschreibt dieses Wort als »eine Schmetterlingszone der Träume, wie ein Sonnenschirm, der Wahrheit vorgehalten«. Wir übersetzen das Wort einfach mit »Frieden« und denken dabei vielleicht sogar an einen Waffenstillstand.

Doch das biblische Wort meint viel mehr. Gott gibt uns Sicherheit und Ruhe, es kann auch Gesundheit und Freude bedeuten, Wohlbefinden und Zufriedenheit. Wer Schalom erlebt, dessen Leben läuft rund. Wir spüren Menschen sofort ab, ob ihr Leben und ihre Beziehungen von Schalom geprägt sind.

Wenn man dieses Wort etwas tiefer bedenkt, dann geht es um drei Dinge.

Erstens: *Harmonie mit mir selbst* – dass ich lerne, zu meinem eigenen Leben mit allen Stärken und Grenzen und auch zu meiner Alterssituation Ja zu sagen.

Zweitens: *Schalom mit meiner Umgebung* – mit meiner Familie, meinem Ehepartner, meinen Kindern, meinen Freunden, mit Menschen in meinem Beziehungsumfeld, privat wie beruflich. Harmonie auch mit unserer gesellschaftlichen Situation und mit der Natur, soweit das in unserer unvollkommenen Welt möglich ist.

Drittens: *Harmonie mit dem lebendigen Gott,* der uns das Leben gegeben hat, der Freude daran hat, uns Gutes zu tun (Jeremia 32,41), der Glauben weckt und Glauben erhält und der uns die Zukunft eröffnet.

Als Jesus nach Ostern seinen angstbeladenen Jüngern auf dem Zionsberg in Jerusalem begegnet, spricht er sein Lebenswort »Schalom« – und die Sonne geht auf, Freude bricht durch. Diese tiefe Erfahrung wünsche ich Ihnen heute.

Wie sich ein Vater über Kinder erbarmt, so erbarmt sich der Herr über die, die ihn fürchten.
Psalm 103,13

Der große Sprung

Ich war mit meinem Enkelsohn Samuel in der Kalahariwüste in Namibia. Samuel mit seinen damals fünf Jahren war ein quirliger Typ, der auf jeden Baum und auf jede Mauer kletterte. So stand er auf einer etwa drei Meter hohen Steinwand und strahlte über beide Backen zu mir herunter. Ich blickte aufmerksam zu ihm hinauf, um ihn im Auge zu behalten. Da rief er plötzlich: »Opa, fang!«, und schon sprang er – direkt in meine Arme. Ich konnte ihn gerade noch fassen und festhalten. Was für ein Vertrauen hat dieser Kerl zu seinem Opa gehabt!

So können wir auch Gott, unserem himmlischen Vater, gegenüber sein. Wie Kinder dürfen wir in seine geöffneten Arme springen mit all unseren Sorgen, Fragen, Zweifeln, Ängsten und Nöten. Jesus lädt uns zu diesem unkomplizierten Glauben ein. Kindliches Vertrauen. Im ganz normalen Alltagsgeschäft weiß ich: Er, der lebendige Gott, hält und begleitet mich. Wenn wir wichtige Entscheidungen treffen müssen, sind wir bei ihm geborgen. Er kennt uns. Er weiß, was uns bewegt. Und wenn wir stolpern und fallen im Getriebe unserer herausfordernden Zeit, fallen wir nie tiefer als in seine offenen Liebesarme.

Dass wir dies richtig sehen: Seine Kraft ist immer stärker als unsere menschliche Liebesenergie. Er hat ein Herz voller Erbarmen. So gibt er uns Mut, den Sprung ins Leben zu wagen. Nicht nur einmal, sondern immer wieder.

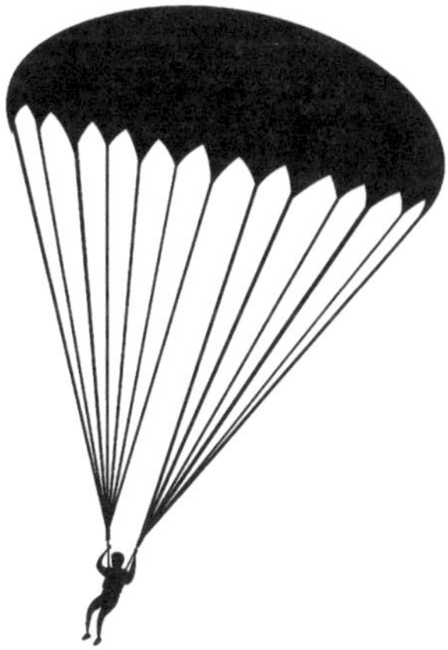

Jesus Christus spricht: Ich bin das Licht der Welt. Wer mir nachfolgt, der wird nicht wandeln in der Finsternis, sondern wird das Licht des Lebens haben.

Johannes 8,12

Die Suche nach Licht

Vielleicht haben Sie schon von dem weltberühmten Clown Oleg Popow und seinem Stück »Das Licht« gehört. Vor vielen Jahren konnte ich es im Moskauer Zirkus selbst erleben. Mit seinem kleinen Koffer kommt der geniale Mime in die Mitte des Bühnenzeltes. Alles ist dunkel, nur ein Lichtstrahl trifft den Boden. Oleg, der Clown, sucht mit traurigem Gesicht das Licht. Nach einigen Fehlversuchen findet er schließlich den hellen Lichtkegel und springt in ihn hinein. Er freut sich, er tanzt, er jubelt.

Doch das Glück ist nur von kurzer Dauer. Denn das Licht bewegt sich im Zirkusrund weiter. Angestrengt jagt er dem hellen Kegel nach. Doch kaum hat er das Licht erreicht und sich erneut hineingestellt, steht er auch schon wieder im Dunkeln, denn der Kegel ist weitergewandert.

So geht es eine Weile mit der vergeblichen Jagd. Bis Oleg, der Clown, einen genialen Einfall hat. Er versucht, mit seinem kleinen Koffer das Licht einzufangen und festzuhalten. Und es gelingt ihm. Das Licht ist in seinem Koffer. Voller Begeisterung macht er den Koffer mit dem Licht darin zu. Schlagartig wird es in der Zirkusarena stockdunkel. Man sieht dennoch das traurige Gesicht des Clowns. Schnell öffnet er den Kofferdeckel wieder und das ganze Zelt erstrahlt in hellem Licht.

Wie der Clown Oleg sind wir Menschen auf der Suche nach Licht. Wir suchen Durchblick, Wärme und Geborgenheit in unserer manchmal so kalten Alltagsatmosphäre. Denn im Licht blüht das Leben auf. Doch wenn wir meinen, es gefunden zu haben, ist es auch schon wieder fort. Es will uns einfach nicht gelingen, Glücksmomente dauerhaft festzuhalten.

Wenn Jesus sagt: »Ich bin das Licht der Welt«, will er, dass unser Leben aufblüht, dass Freude, Geborgenheit und Hoffnung unseren Alltag bestimmen. Seine Zusage zeigt uns, dass dieses Licht stärker ist als alle Dunkelheiten unseres Lebens. Auch die unserer Schuld. Er schenkt Vergebung und hilft, dass Versöhnung gelingt. Sein Licht ist stärker als alle Nebelschatten unserer Sorgen.

Aber bitte nicht vergessen: Den Koffer weit aufmachen! Gottes Licht soll in die Welt hinein. Wir sollen es aufnehmen und weiterspiegeln, damit es hell wird in unseren Häusern, in unseren Familien, in unseren Gemeinden, in unseren Beziehungen, in unseren Betrieben und in unseren Orten. Die Einladung gilt: »Komm in den Lichtkegel der Liebe Gottes.«

Das Wort vom Kreuz ist eine Torheit denen, die verloren werden; uns aber, die wir selig werden, ist es Gottes Kraft.

1. Korinther 1,18

Brandspuren am Kreuz

Bei einer unserer christlichen Traumschiffreisen besuchten wir Norwegen. Wir legten auch in Molde an. In dieser Stadt findet man im Dom, der über einer abgebrannten alten Kirche erbaut wurde, das Kreuz von 1661, das erhalten blieb. Ich war sehr beeindruckt von diesem alten Goldkreuz mit den erkennbaren Brandspuren. Zweimal wurde der Dom von Molde durch Feuer zerstört. Gewaltige Kunstschätze und Baukonstruktionen sind dabei zerstört worden. Das Einzige, was die furchtbaren Feuerkatastrophen überstand, war das alte Goldkreuz. Wie durch ein Wunder blieb es verschont.

Auch wir kennen Brandspuren in unserem Leben. Nicht wie in Molde verursacht durch Krieg und Gewalt, sondern Brandspuren der Sünde und innerer Verletzungen. Erlittene Enttäuschungen spiegeln sich in unserem Lebenskreuz wider. Schmerzen menschlicher Schuld sind eingebrannt. Lebensbrüche zeichnen unsere Seele. Wir können sie nicht einfach auslöschen. Oftmals rauben uns die Zerstörungsträume den ruhigen Schlaf. Deshalb ist diese Geschichte für mich zum

Mut machenden Beispiel geworden. Das Kreuz mit den Liebesspuren der Versöhnung, die Jesus uns erworben hat, bleibt bestehen.

Der welterfahrene Abenteurer Paulus zeigt auf das Kreuz von Jesus. Keine Brandwelle des Hasses kann dieses Kreuzzeichen der Liebe Gottes zerstören. Es ist ein Ort der Rettung und des Friedens in unserer Welt. Die Versöhnung durch Jesus gilt für uns bis heute. Das Kreuz bleibt. Das gibt uns Hoffnung und Mut, in den Spuren der Liebe Gottes zu leben.

Jesus spricht: Ihr seid das Salz der Erde. Wenn nun das Salz nicht mehr salzt, womit soll man salzen? Es ist zu nichts mehr nütze, als dass man es wegschüttet und lässt es von den Leuten zertreten.

Matthäus 5,13

Die Würde unseres Lebens

Im Altertum war Salz so wertvoll wie Gold. Händler auf den Salzstraßen des Orients wurden reiche Kaufleute. Wir wissen, dass Salz in der Nahrung entscheidend für einen gesunden Organismus ist. Wenn Jesus zu uns sagt: »Ihr seid das Salz der Erde«, betont er damit, dass einzelne Christen wichtig für das Zusammenleben der Menschen sind. Das war für die einfachen Leute aus Galiläa, die Jesus nachfolgten, eine gewaltige Zusage. Jesus macht seinen Mitarbeitern bis heute klar: »Ihr seid wichtig für die Gesellschaft, für diese Erde!«

Dabei geht es nicht um die Forderung nach religiösen Leistungen. Glaubwürdige Christen sind Salzkörner in unserer modernen Wirtschaftswelt. Salz war und ist wichtig, um Lebensmittel zu erhalten. Christen, die Salz der Erde sind, leben eine gute Lebensordnung Gottes mitten in unserer säkularen, egozentrischen Welt. Das hat bewahrende Wirkung und eine reinigende und heilende Kraft.

Jesus sagt nicht: »Ihr seid der Honig der Welt«, damit alles lieblicher, süßer und softer wird. Die gute Nachricht von der Liebe Gottes ist nicht der Süßstoff, mit dem wir unseren harten Lebensalltag verbessern und alle Sorgen und Lasten mit Zuckerguss übergießen sollen. Nein, Salz, das in die Lebens- und Beziehungswunden gestreut wird, kann kräftig brennen. Jeder, der einmal im Salzwasser des Toten Meeres sitzt und schwimmt, kann die Salzwirkung selbst spüren. Wenn Jesus Christus die dunklen Seiten unserer Schuld aufdeckt, tut das kräftig weh! Aber er lädt uns zur Umkehr und zur Erneuerung unseres Lebens ein. Wer sich darauf einlässt, erlebt die heilende Kraft der Vergebung.

Salzkörner sollen wir sein. Wenn wir Jesus bekennen, wird unser Leben wertvoll und bekommt eine unvergleichliche Würde. Als glaubwürdige Christen sind wir in unserer Gesellschaft kein bloßes Streusalz, das auf Straßen und Wegen verteilt wird, sondern eine Kraft, die mithilft, dass Menschen sich entfalten können und ein gutes Miteinander gelingen kann.

Ihr seid alle durch den Glauben Gottes Kinder in Christus Jesus.

Galater 3,26

Das größte Geschenk

Als Junge bekam ich einmal ein besonderes Geschenk, ein Fernglas. Das hatte ich mir schon lange gewünscht. Ich war stolz und glücklich über dieses Geschenk. Stundenlang beschäftigte ich mich mit der Technik und suchte den Horizont ab. Dann machte ich eine interessante Entdeckung. Natürlich weiß das jeder, der von Physik ein bisschen Ahnung hat, für mich aber war es damals neu. Wenn ich auf der falschen Seite durch das Fernglas sehe, wird alles total verkleinert. Die Welt sieht winzig klein aus.

Mit diesem verkehrten Blick schauen viele Menschen auf ihr eigenes Leben. Manche sehen sich dann beruflich auf dem Abstellgleis. Andere entdecken, dass sie sich nicht leiden können. Selbstzweifel ist die Grundstimmung des Tages. Manche kommen sich wie ein winzig kleines Rädchen im Getriebe unserer modernen Karrierewelt vor, ohne tiefere Bedeutung. Das Selbstwertgefühl ist ständig unter Druck und angekratzt. Selbst der lebendige Gott wird als übermächtiger und kleinkarierter Chef in eine ferne Himmelsdistanz gerückt. Das ganze Leben sieht klein, unscheinbar und sinnlos aus, wie beim Blick durch die falsche Seite des Fernglases. Solch eine Sicht ist zerstörend für Leben und Glauben.

Deshalb sagt Paulus als Ermutigung: »Vergesst es nicht: Ihr seid Gottes Kinder!« Damit ermutigt er uns, unser Vertrauen auf Jesus Christus zu setzen. Wer das Fernglas richtig benützt, der sieht deutlich, dass wir Christen nicht die Schlusslichter am Zug unserer Zeit sind, schon gar nicht der Müll in einer konsumorientierten Massengesellschaft. Der lebendige Gott lädt uns in seine Familie ein. Was für ein großes Vorrecht! Wir dürfen Kinder Gottes sein. Dies ist das größte Prädikat für unser Leben.

Darüber sollten wir wirklich nachdenken. Diese Zusage macht unser kurzes Leben wertvoll. Wie ein liebender Vater seine Kinder liebt und fördert, so will Gott uns helfen, unser kostbares Leben zu gewinnen. Er ist auch da in den Tiefen und Enttäuschungssituationen. Er lässt uns nicht links liegen, sondern er wendet sich uns zu. Dieser Wert ist größer als alle menschlichen Ehrentitel, Diplome und Konsumgüter. Ein echter Grund zur Freude!

Die Tatsache, dass wir Kinder Gottes sind, ist ein reines Geschenk. Keiner kann oder muss sich das verdienen, niemand vermag sich dazu hochzuarbeiten. Gott schenkt uns seine Liebe ohne Vorbedingung und Zwang. Wir können nur Danke sagen und mit ihm fröhlich leben.

Gott spricht: Rufe mich an in der Not, so will ich dich erretten, und du sollst mich preisen.

Psalm 50,15

Ein leidenschaftlicher Hilfeschrei

In einem Gymnasium wurde vor vielen Jahren unter den Schülern eine Umfrage gestartet mit einer Frage, die schwierig zu beantworten ist: »Was ist das Schrecklichste, das du dir vorstellen kannst?« Die anonymen Antworten waren vielschichtig: Wenn Vater und Mutter sterben würden, sagten die einen. Wenn ich unheilbar krank würde, schrieben andere. Wenn ein Atomkrieg ausbrechen oder eine große Katastrophe kommen würde, waren weitere Rückmeldungen. Eine Antwort aber hat mich besonders zum Nachdenken gebracht. Ein Schüler schrieb: »Das Schrecklichste wäre für mich, wenn alle Gebete nur Selbstgespräche wären.«

Diese Erfahrung steckt hinter manchen Klagen der Psalmlieder. Was ist, wenn Gott schweigt und die Kommunikationsleitung zu Gott, dem Schöpfer und Erhalter des Lebens, stumm bleibt? Manche Menschen im alten Israel waren deshalb sehr verzweifelt. Der Tempel in Jerusalem, für fromme Juden der wichtigste Ort der Gottesbegegnung, wurde mehrfach zerstört. Dort wehten stolz die Fahnen der heidnischen Siegermächte. Wo war nun der Gott Israels? Böser Spott, der über die

Frommen ausgeschüttet wird, ist kaum mehr zu ertragen. Verzweifelt rufen Menschen Gott zu: »Steh auf! Greif ein! Bleib doch nicht untätig! Gib uns ein Zeichen, dass du noch bei uns bist!«

Vielleicht kennen Sie auch solche Situationen, wo Sie den Eindruck haben, dass Gott schweigt. Ich bewundere die klagenden Beter in den Psalmen, dass sie ihre unbeschreibbare Not an die richtige Adresse senden und Gott an seine Zusagen und Verheißungen erinnern. Deshalb lade ich alle ein, die in der Dunkelkammer ihres Lebens sitzen und durch Zweifel und Leiderfahrungen niedergedrückt werden, die richtige Nummer zu wählen und den lebendigen Gott, unseren Schöpfer, anzurufen. Sein Angebot gilt: »Rufe mich an in der Not.«

Unser Hilfeschrei im Gebet verliert sich nicht in den Weiten des Universums, sondern erreicht direkt das Herz des großen Gottes. Wir alle haben eine Sonderleitung zum Ohr Gottes und er hilft gewiss. Darauf will ich heute mit Psalm 50,15 vertrauen.

Der Herr spricht: Siehe, in die Hände habe ich dich gezeichnet.
Jesaja 49,16

Die Visitenkarte unserer Hände

An unseren Händen kann man viel erkennen. Dabei denke ich nicht an den magischen Blick von Wahrsagern und Scharlatanen. Ich denke an alltägliche Erfahrungen: an die ruhige Hand einer ausgeglichenen Mutter, die ihrem Kind Mut macht. An die schwitzende Hand eines aufgeregten Schülers vor der Prüfung. An die zitternde Hand eines Kranken, der auf Hilfe hofft. An die geballte Faust eines Verbitterten, der um sein Recht kämpft. An die offene Hand der Liebe, die gerne verschenkt und ermutigt. Ich denke auch an die kräftige Hand eines Mannes, der zupacken kann, und an die feine Hand eines Schreibtischarbeiters, der wichtige Gedanken zu Papier bringt. Unsere Hände sind eine Visitenkarte unseres Lebensstils, unseres Charakters und unserer Gefühle.

Wenn Jesaja davon spricht, dass unser Leben in die Hände Gottes gezeichnet ist, dann entdecken wir die Visitenkarte Gottes. Großartig!

Es ist die *Hand des Schöpfers.* Er hat uns das Leben geschenkt und uns wunderbar gestaltet. Er kennt jeden von uns.

Es ist die *Hand, die uns beschenkt.* Bei jeder Feier

des Abendmahls kann ich Brot und Wein spürbar und sichtbar empfangen. Ich kann es erleben: Er bringt Versöhnung in mein kleines Leben.

Es sind die *bewahrenden Hände.* Wie Eltern ihre Kinder vor Gefahren beschützen können, so gibt er uns heute Geborgenheit. Nichts darf unser Leben zerstören.

Es sind die *segnenden Hände.* Sein Ja gilt über unserem Leben. Wenn Menschen uns ablehnen und uns auf die Seite schieben, gibt er unserem Leben eine Würde, die sonst niemand geben kann. Auch wir sind zum Segnen berufen. So lasst uns einander die Hände auflegen und uns segnen.

Es sind die *durchbohrten Hände Jesu.* Am Kreuz hat der Sohn Gottes sich Nägel des Hasses durch seine Hände schlagen lassen. Für uns hat er damals in tiefster Not durchgehalten. So kann er uns auch heute halten, in den Krisensituationen des Lebens und in den Kreuzstationen des Alltags.

Es sind die *einladenden Hände.* Jesus Christus spricht auch heute zu uns: »Kommet her zu mir, alle, die ihr mühselig und beladen seid; ich will euch erquicken.«

Der Herr spricht: Fürchte dich nicht, denn ich habe dich erlöst; ich habe dich bei deinem Namen gerufen; du bist mein!
Jesaja 43,1

In Gottes Berufung leben
Manchmal ist es wirklich peinlich. Man trifft nach langer Zeit einen früheren Schulkameraden, mit dem man viele Jahre im selben Klassenzimmer saß. Wie heißt der alte Kumpel bloß? Sein Name ist weg. Vergessen. Wie schnell sind bei uns Namen von Mitmenschen doch vergessen! Oft ist es nicht nur die Sache unseres Gedächtnisses; es geht leider häufig auch nach dem Motto »Aus den Augen, aus dem Sinn«. Manche Menschen, mit denen wir vielleicht jahrelang zu tun hatten, sind uns nicht mehr wichtig. Bewusst oder unbewusst werden Namen zu Schall und Rauch – einfach vergessen.

Ich bin so froh, dass Gott total anders reagiert als wir. Er vergisst uns nicht. Bei ihm ist kein Mensch wie ein Wassertropfen auf der heißen Herdplatte, der schnell verdunstet. Für Gott ist unser Leben wichtig. Wir sind ihm wichtig. Deshalb ruft er uns mit Namen, wie es in dem Jesaja-Vers heißt, den wir in einer früheren Andacht schon in einem anderen Zusammenhang betrachtet haben. Er sieht hinter unserem Namen immer die Persönlichkeit. Unser Leben mit einer individuellen Geschichte. Er sieht uns mit unseren Fähigkeiten und auch mit unseren Grenzen und er sagt Ja zu uns. Das ist ein großes Geheimnis und Geschenk.

Wie gehen wir mit dem Geschenk des Lebens um? Leben Sie in der Berufung, die Gott in Ihr Leben hineingelegt hat. In jeder Altersphase kann ich neu fragen: »Mein Gott, was willst du durch mich in dieser Welt bewirken?«

Wir dürfen Gottes Mitarbeiterinnen und Mitarbeiter sein – dies ist eine hohe Wertschätzung. Durch uns will er in unserer Gesellschaft und Gemeinde Gutes bewirken. Deshalb ist es so wichtig, die eigene Berufung zu erkennen und darin zu leben. Wir sollen das Licht der Liebe Gottes wie eine Fackel in unsere Welt hineintragen.

Weil ich für Gott wichtig bin, kann ich fröhlich zustimmen: »Mein Gott ist meine Stärke! Danke, du hast meinen Namen, du hast mich nicht vergessen.« Mein Leben ist wichtig!

Herr, du bist doch unser Vater!
Wir sind Ton, du bist unser Töpfer,
und wir alle sind deiner Hände Werk.
Jesaja 64,7

Ein Kunstwerk aus Gottes Werkstatt

Ich besuchte eine Töpferwerkstatt. Der alte Künstler saß vor seiner Scheibe. Er nahm einen Lehmklumpen in seine Hände und formte daraus eine kunstvolle Schale. Ich war begeistert. Mit viel Liebe zum Detail und mit Kreativität schuf der Töpfer aus dem wertlosen Dreckklumpen ein Schmuckstück. Als es später noch gebrannt und glasiert wurde, entstand ein wertvolles Kunstwerk.

Mit diesem Bild eines orientalischen Töpfers zeigt der Prophet Jesaja die Größe und die Souveränität des Schöpfers, unseres himmlischen Vaters. Jeder Mensch stammt aus Gottes Werkstatt. Dies macht unser Leben wertvoll.

In unserer modernen Wirtschaftswelt kommen sich heute viele bedeutungslos vor. Sie fühlen sich wie ein kleines Sandkorn am Meeresstrand der Welt, unbeachtet und unwichtig, von jeder neuen Welle hin und her geworfen. Manche hadern mit Gott und der Welt. Andere klagen ihren Schöpfer an und fragen: »Was soll das mit dieser Welt, mit meinem Leben? Wer gibt mir neuen Lebensmut, neue Hoffnung?« Selbst gebastelte

Lebenskonzepte halten letztlich nicht, was wir uns von ihnen versprechen. Und moderne Götzen wie Erfolg, Macht und Geld bringen keinen bleibenden Wert. Das ist im Grunde jedem klar.

Deshalb werden wir eingeladen, auf den unvergleichbaren Gott, der allein die Welt in seiner Hand hält, zu vertrauen. Täglich kann ich die Erfahrung machen, dass der Gott, der sich in Jesus Christus zeigt, nicht das unnahbare Schicksal in der Ferne ist. Jesus sah den nutzlosen Bettler am Straßenrand von Jericho und nahm sich Zeit für ihn. Er sah die durstige Frau am Jakobsbrunnen und schenkte ihr frisches Lebenswasser. Er sah den reichen Beamten in seiner Einsamkeit und feierte mit ihm ein Lebensfest. So geht er auch an uns nicht einfach vorüber. Nein, er will wie der Künstler mit seiner liebenden Kreativität mein Leben wertvoll formen. Aus dem Tonklumpen meines Lebens will Gott ein kostbares Schmuckstück schaffen. Dafür kann ich nur danken.

Vergib uns unsere Schuld, wie auch wir vergeben unsern Schuldigern.
Matthäus 6,12

Vergebung schenkt neue Freude

Ich weiß, dass Schuld und Sünde keine lockeren Themen sind. Wenn wir zum Beispiel unsere Kinder, unseren Ehepartner oder unsere Kollegen mit einem lieblosen Wort verletzen, kann uns das lange belasten und die Atmosphäre des Miteinanders gewaltig beeinträchtigen. Schuld hat immer eine zerstörerische Kraft. Sie blockiert das Zusammenleben. Nicht bereinigte Schuld belastet aber auch unsere eigene Seele. Sie kann uns den Schlaf rauben, uns depressiv und krank machen.

Umso wichtiger ist die ehrliche Bitte zu Gott um Vergebung, wie sie sich etwa den ganzen Psalm 51 hindurch findet. Ebenso die Bitte um einen Neuanfang, wie sie besonders in Vers 12 zum Ausdruck kommt: »Schaffe in mir, Gott, ein reines Herz und gib mir einen neuen, beständigen Geist.« Eine gewaltige Befreiung zu neuer Freude und einer unbelasteten Zukunft!

Vor einiger Zeit habe ich ganz überraschend einen Brief mit einer solchen Bitte um Vergebung erhalten. Neun Jahre lang hat die bittere und große Schuld auf dem Absender gelegen. Was ist das für ein Wunder, nach so vielen Jahren endlich sein Gewissen zu entlasten! Schuld nicht mehr unter den Teppich zu kehren, nicht mehr auf andere abzuschieben, sondern offen zu bekennen und den Zuspruch der Liebe Gottes zu erleben.

Jesus Christus hat unsere Schuld auf sich genommen und so die Chance auf echte Versöhnung eröffnet. Wer selbst Vergebung erlebt hat, der kann auch anderen ehrlich vergeben, wie wir es in der Vaterunser-Bitte sprechen: »Vergib uns unsere Schuld, wie auch wir vergeben unsern Schuldigern.« Beides gehört untrennbar zusammen.

Deshalb habe ich auch dem genannten Briefschreiber Vergebung zugesprochen. Ich gebe zu, dies ist mir nach den menschlichen Verletzungen nicht leichtgefallen. Aber wer vergibt, der kann mithelfen, dass zerbrochene Beziehungen heilen können, dass Schuldiggewordene einen Neuanfang finden, dass neuer Glaube in unser Leben hineinkommt und es so wieder Zukunft und Hoffnung gewinnt. Selbst Feinde können sich die Hand reichen, wenn Schuld nicht mehr belastet. Versöhnung kann wachsen. Deshalb lasst uns einander die Schuld vergeben!

Bei dir, Gott, ist die Quelle des Lebens.

Psalm 36,10

Zur Quelle gehen

Als Kinder haben wir oft einen Ausflug gemacht an die Quelle unseres Heimatflusses, die Echaz in der Nähe von Burg Lichtenstein am Albaufstieg bei Honau. Dieses Flüsschen fließt dann durch meine Heimatstadt Reutlingen und weiter in den Neckar. Die Wanderung zur Quelle der Echaz war deshalb so faszinierend, weil wir dabei an wunderschönen Waldstücken vorbeikamen und uns an dem klaren Wasser der Echaz erfreuen konnten. Wir spielten als Kinder im flachen Flussbett und bauten Staudämme. Und konnten sogar frisches Wasser aus der Quelle trinken.

Dies ist für mich ein Bild für unser Leben geworden. Wenn die Bibel sagt, dass bei Gott die Quelle des Lebens ist, dann lasst uns zur Quelle gehen. Woher kommt eigentlich mein Leben? Wer wollte, dass ich auf dieser Welt unterwegs bin? Bei dieser »Quellenfrage« entdecken wir, dass bei Gott der Ursprung unseres Lebens ist. Er hat uns das Leben geschenkt und er gibt unserem Leben einen Wert und eine Menschenwürde, die sonst niemand zu geben vermag. Jeder von uns stammt aus der Werkstatt Gottes. Dafür kann man auch heute Danke sagen.

Ein großes Erlebnis in unserer Familie war die Geburt unserer Kinder. Als ich unsere Kleinen direkt nach der Geburt auf dem Arm halten durfte, wurde mir voller Freude klar: Diese Kinder sind nicht nur das Ergebnis biologischer Zusammenhänge, sondern sie sind ein Geschenk des lebendigen Gottes.

Man kann wichtige Lebensfragen bedenken, wenn man zur Quelle geht. Wer hat uns eigentlich geprägt in unserer Kindheit und in unserer Jugendzeit? Wie war das mit dem Elternhaus? Haben wir Vaterliebe erfahren? Hat die Mutter eine große Bedeutung in unserem Leben? Wie ist das mit Freunden oder mit Lehrern und Jugendleitern? Wie ist eigentlich die Beziehung zu Gott, unser persönlicher Glaube, entstanden?

Wenn man zur Quelle zurückgeht, ist es gut, einmal über diese zentralen Fragen nachzudenken und dann darüber zu staunen und für das zu danken, was Gott schon in den Anfang unseres Lebens hineingelegt hat. Die Entwicklung unserer Persönlichkeit und viele Geschenke in unserem Erwachsenenleben verstehen wir besser, wenn wir zur Quelle gehen.

Gott spricht: Ich will dem Durstigen geben von der Quelle des lebendigen Wassers umsonst.
Offenbarung 21,6

Woher bekommen wir neue Kraft?
Bei einem großen Fluss sind Stromschnellen und Wasserfälle nichts Ungewöhnliches, ja manchmal versickert sogar das Wasser und kommt an einer ganz anderen Stelle wieder zum Vorschein. Ich habe dies bei meinen Afrikabesuchen am Sambesi, dem viertlängsten Fluss des Kontinents, beobachten können. Und auch wir, mitten im ganz normalen Lauf unseres Alltags, stoßen immer einmal wieder – eben wie solch ein großer Wasserlauf – an Abgründe oder stehen plötzlich vor unerwarteten Herausforderungen. In den unterschiedlichsten Lebensstationen entsteht die existenzielle Frage: Woher bekommen wir neue Energie und neue Kraft? Wenn wir müde sind oder wenn wir zerschlagen sind, wenn wir den Weg nicht wissen, wenn wir ausgelaugt sind, vielleicht einfach nur urlaubsreif, dann suchen wir: Woher und wie bekommen wir frisches Lebenswasser?

Oft bleiben wir dann bei uns und unseren Möglichkeiten stehen. Wir kämpfen uns allein durch das Allerlei unseres Alltags, stoßen an unsere Grenzen und wissen nicht, wie wir die Mauern im alltäglichen Geschäft überspringen sollen. Deshalb lädt uns die Bibel ein, frisches Lebenswasser zu trinken.

Wie gewann Jesus diese neue Lebensenergie? Er ging immer wieder in die Einsamkeit und Stille, um bei seinem Vater im Gebet und im Hören auf sein Wort neue Kraft und frischen Mut zu tanken. Es wird von ihm berichtet, dass er in die Abgeschiedenheit der Berge Galiläas ging, dass er auf den See Genezareth in die Stille fuhr oder dass er in die Einsamkeit der Wüste zog. In der Stille mit Gott neue Kraft schöpfen, das ist das Geheimnis. Dazu hat uns Gott ja auch den Feiertag geschenkt, um innezuhalten und aufzuatmen und zur Ruhe zu kommen. Auch die Urlaubszeiten sind geeignet, neue Frische zu gewinnen.

Es gibt schon im Alten Testament ein wunderbares Wort in Psalm 23: »Er erquicket meine Seele.« Erquickung geschieht durch die Begegnung mit dem lebendigen Gott. Neue Kraft für unser Leben gewinnen wir durch den Meister des Lebens. Deshalb lasst uns Pausen im Terminkalender einplanen und auf Jesus schauen. Wenn wir Gottes Wort lesen, Gemeinschaft mit anderen Christen erleben und die Chance des Gebetes ernstnehmen, werden wir bei Jesus neue Freude und Kraft gewinnen. Selbst unsere nächsten Freunde in der Familie und Berufswelt werden es spüren, dass wir erquickt sind. Ich lade Sie ein, vom frischen Lebenswasser zu trinken, das Jesus uns schenkt – ganz umsonst!

Mit meinem Gott kann ich über Mauern springen.
Psalm 18,30

Über Mauern springen

In meinem Büro habe ich ein buntes, sehr einprägsames Bild von Sieger Köder aufgehängt. Ein Bild, das mich jeden Tag ermutigt. Dort sehen wir einen Mitarbeiter Gottes, der drei hohe Mauern wie ein Stabhochspringer mit einer langen Leuchte, die er hält, überspringt. Dieser Mann bekommt Kraft und Mut von Gott, so will es der fromme Zeichner darstellen. Ein großer Sprung, kraftvoll und mutig.

Dieses Bild nimmt die Erfahrung auf, die viele in erdrückender Weise kennen. Unsere Lebenslage ist oft ein Schrei nach Gottes Hilfe, so wie es damals David, der große König Israels, erlebt hat. Er war von seinen Gegnern umzingelt, die ihn hassten und ihm nach dem Leben trachteten. Angst bestimmte ihn, und so wurde er ganz ehrlich und er fragte: »Wo ist Schutz und Hilfe? Wo ist nun der Gott, der mich beauftragt hat, Führungskraft zu sein?« Mauern der Angst umgaben sein Leben. Er gestand ehrlich seine ausweglose Situation ein und schrie zur richtigen Adresse, nämlich zu Gott.

Auch wir kennen solche Mauern der Angst. Das Wort Angst hängt in der deutschen Sprache mit dem Wort »Enge« zusammen. Mancher kennt die Erfahrung der Platzangst. Es wird eng im Leben. Wir stoßen an Grenzen. Die Mauern der Belastungen, der Konflikte und der Krankheitsnöte werden zu groß. Die Palette der Sorgen ist vielschichtig. Vielleicht sind wir verstrickt in Schuld und Süchte ohne jegliche Zuversicht und Freude. Angst, die uns nachts den Schlaf raubt – unüberwindbare Mauern – hoffnungslos.

David, diese bedeutende Führungskraft der Bibel, zeigt uns den richtigen Weg aus der Dunkelheit unserer Ängste heraus. Er ermutigt uns, mit dem lebendigen Gott zu reden. Ein ernsthaftes Gebet mit Gott öffnet den neuen Weg. Gott selbst hilft uns, die Mauern der Not und der Sorgen zu überspringen. Seine Hilfe ist immer noch stärker. Seine Möglichkeiten sind immer noch größer. Viele glaubende Menschen zu allen Zeiten haben dies erlebt. Deshalb lade ich Sie ein, wie David heute zu vertrauen und das Wunder der Hilfe Gottes zu erleben. Mit unserem Gott können wir über die Mauern der Angst springen.

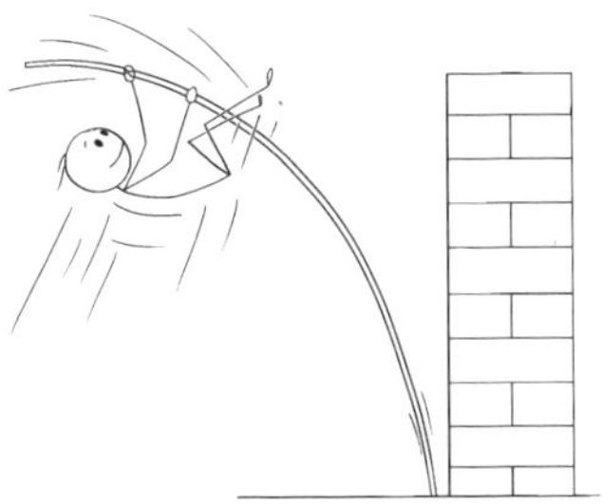

Jesus spricht: Ihr werdet die Kraft des Heiligen Geistes empfangen, der auf euch kommen wird.

Apostelgeschichte 1,8

Wie der Glaube frisch bleibt

Schnittblumen müssen angeschnitten werden und Frischhaltepulver kommt ins Wasser, damit man sich etwa am Muttertag über die Blumen lange freuen kann. Verderbliche Nahrungsmittel stellen wir in den Kühlschrank oder legen sie ins Kühlfach. Übrigens, auch unsere Gesichtsfalten präparieren wir mit Salben, vielleicht vom Toten Meer – frisch wollen wir aussehen.

Und wie bleibt der Glaube an Jesus Christus frisch?

Manche leben nur von alten Traditionen. Oftmals ist in unserer christlichen Wohlstandswelt alles abgestanden und wenig faszinierend. Keine neuen Gotteserfahrungen. Wie bleibt unser Glaube frisch? Ich begegne vielen müde gewordenen Christen. Keine Dynamik und kein Schwung mehr. Nichts von Jesus-Leidenschaft ist spürbar. Gebet ist zur Pflichtübung geworden, die Bibel verstaubt im Regal. Langweilige Predigten und formelhafte Gebete bringen keinen Schwung in unser Christsein. Die lähmende Resignation liegt leider auch über mancher Jugend- und Gemeindearbeit.

Wie bekommen wir einen neuen Drive, eine neue Freude an der Liebe Gottes, Begeisterung beim Dienst,

Mut zum Glauben, Vertrauen und Aufbruch, sodass wir Neues wagen können? Ich lade Sie ein, sich in den »erfrischenden Regen des Heiligen Geistes« zu stellen. Viele von uns haben dies schon so miterlebt. Ein Frühlingsregen belebt die Natur und ein warmer Sommerregen bringt selbst die arg verdorrten Gartenpflanzen zum Aufblühen.

So will der Heilige Geist in uns eine neue Freude am Christsein wecken. Er macht uns gewiss, dass wir Gottes Kinder sind und zu seiner Familie gehören. Es gibt kein größeres Geschenk. Der Heilige Geist ist gleichsam der Regen, der alles erfrischt.

Übrigens zeigt der Heilige Geist auch die Schwachstellen unserer Schuld auf und treibt uns zur Umkehr und zur Erneuerung unseres Lebens. Er weckt in uns eine neue Liebe zu Jesus Christus und zu seinem Wort. Der Heilige Geist stiftet Gemeinschaft und schenkt uns eine lebendige Hoffnung. Ohne ihn sind wir auf unsere eigenen Kräfte angewiesen. Echter Glaube ist nicht das Ergebnis unserer religiösen Gefühle, unserer Moralkraft oder frommer Leistungen, sondern ein Geschenk.

Ich kenne dies persönlich aus den Höhen und Tiefen meines Lebens und Dienstes: Der Glaube, den mir Jesus schenkt, hört nie auf, weil er selbst die Verantwortung übernimmt. Davon lebe ich jeden Tag. Deshalb: Stellen wir uns einfach in den frischen Regen des Heiligen Geistes, ohne den wir das Geheimnis von Jesu Liebe nicht erfassen können.

Jesus sprach zu den Aposteln: Geht ihr allein an eine einsame Stätte und ruht ein wenig.
Markus 6,31

Das Fest des Sonntags
Der lebendige Gott hat uns allen den Ruhetag, den Sonntag, geschenkt. In der alttestamentlichen Gemeinde und im Judentum war und ist das der Schabbat, den Gott als Ruhetag in den Zehn Geboten angeordnet hatte. Für Christen ist jeder Sonntag eine kleine Osterfeier, die an die Auferstehung Jesu erinnert. Was bedeutet Ihnen der Sonntag? Wie gestalten Sie diesen von Gott geschenkten Feiertag?

Bei einer Bergtour brauchen wir nach einer bestimmten Zeit eine Pause. So ist auch der Sonntag eine *Pause,* um neue Kraft zu schöpfen für die Herausforderungen des Alltags. Pausen sind nötig, damit wir rein äußerlich Kraft gewinnen, aber auch in unserer Psyche gesund bleiben. Deshalb ist jeder Sonntag solch eine Chance zur Regeneration – nach einer Woche voller Werktage können wir da in aller Ruhe den Tag genießen und zur Stille kommen. Ganz so, wie auf einer Wanderung nach einiger Zeit Rast gemacht wird, wo wir dann gemütlich das Vesperbrot auspacken.

Außerdem ist der Sonntag eine *Orientierungshilfe im Lebensalltag.* Bin ich noch auf dem richtigen Weg in meiner Lebensplanung und -gestaltung? Bei einer

Bergtour nehmen wir entweder die Wanderkarte oder schauen auf unseren Navigationsgeräten nach, ob wir noch auf der richtigen Spur sind. Genauso brauchen wir Orientierung durch Gottes Wort, um den richtigen Weg in unserem Leben zu erkennen und dann auch gehen zu können. Deswegen sind Bibellesen, Gebet und Gottesdienst, die Begegnung mit dem lebendigen Gott, wesentliche Elemente eines gelingenden Sonntags. Gemeinschaft mit Christen ist eine wichtige Erfahrung, um den Rat der Geschwister und Freunde zu hören und Orientierung zu finden.

Wenn wir auf dem Berggipfel angekommen sind, ist es das schönste Erlebnis, in den weiten Horizont der Bergwelt zu schauen. Motive, die uns begeistern, erreichen unsere Seele. So ist es auch auf unserer Lebenstour: Wer nur die Grasnarbe des Alltags mit allen schweißtreibenden Belastungen vor Augen hat, wird müde und resigniert schließlich. Wir brauchen regelmäßig die weite und *faszinierende Perspektive der Zukunft Gottes.* Deshalb atmet jeder Sonntag auch solch eine Zukunftshoffnung. Damit wir Hoffnungsmenschen bleiben in unserer Welt und Gesellschaft, schenkt uns der lebendige Gott in jeder Woche ein Fest zum Staunen mit einem weiten Ausblick auf die Vollendung seines Heils.

Sonntag heißt für mich Rastplatz, Orientierungspunkt und Aussichtsperspektive. Diese Gotteserfahrung wünsche ich Ihnen auch am kommenden Sonntag.

Jesus spricht: Ich bin der Weg und die Wahrheit und das Leben; niemand kommt zum Vater denn durch mich.

Johannes 14,6

Das Tor zum Leben

Ich habe einen großen Bauernhof auf der Schwäbischen Alb besucht. Dabei fiel mir auf, dass über dem Eingangstor des gesamten Gehöfts ein Bibelwort stand, wie man das vielleicht nur noch in schwäbischen Dörfern finden kann – Bibelworte als öffentliches Bekenntnis und Leitwort für die gesamte Familie, auch für die tägliche Arbeit. Das Eingangstor zum Bauernhof mit dem Bibelspruch machte Mut zu einem glaubwürdigen Leben.

So gehen wir im übertragenen Sinn durch das Eingangstor zum Leben mit dem Bibelvers aus Johannes 14,6. Diese Stelle aus der Heiligen Schrift ist ein öffentliches Glaubensbekenntnis in unserer modernen Zeit. Jesus soll unseren Lebensweg bestimmen. Die Wahrheit soll in unserer Familie, in unserem Freundeskreis und auch in unserem beruflichen Umfeld gelten. Jeden Tag unseres Lebens nehmen wir dankbar aus Gottes Hand.

Wer heute mit solch einem geistlichen Lebensmotto sein Leben gestaltet, der wird sicher gesegnet werden und auch Segen in unsere moderne Wirtschaftswelt hineintragen. Wir kennen doch die offenen Lebensfragen:

Wohin geht es in unserem Leben? Welchen Weg soll ich einschlagen? Worauf kann ich mich verlassen? Und wie soll ich mein Leben gestalten, damit es gelingt?

Wenn Jesus sagt: »Ich bin der Weg«, dann heißt das: Jesus gibt uns nicht nur ein paar Tipps, die wir auch in der Ratgeberliteratur finden können. Er macht uns nicht nur ein paar Vorschläge wie ein Verkäufer im Reisebüro. Er zeigt uns nicht nur einige Lebensfarben, wie unser Leben bunter werden kann. Nein, Jesus selbst geht mit uns. Er begleitet uns an jedem Tag auf unserem Lebensweg. Er führt uns auf den Höhenwegen des Glücks, wenn alles gelingt und die Freude uns durchpulst. Aber er steht auch an unserer Seite, wenn wir in den Keller des grauen Alltags hinabsteigen. Jesus geht mit uns. Er führt uns einen guten Weg. So werden wir unser einmaliges Leben gewinnen. Deswegen lädt er uns ein, genauso wie seine Jünger damals, auf seinem Weg des Lebens mitzukommen.

Glück im Leben ist: fest mit dem lebendigen Jesus Christus verbunden zu sein und in seinen Fußstapfen zu gehen. Eine einmalige Chance, die niemand verpassen sollte!

Simon Petrus antwortete: Du bist der Christus, des lebendigen Gottes Sohn!

Matthäus 16,16

Der Fisch auf dem Auto

Auf manchen Parkplätzen entdecke ich Autos mit Fischbuttons. Fischsymbole, in Schwarz-Weiß oder auch farbig, kleben an Heckscheiben oder Heckklappen. Dies ist natürlich kein Hinweis auf die Angelleidenschaft der Besitzer, sondern erinnert uns Christen an ein sehr altes Symbol der ersten Gemeinde. Alte Kirchenbilder zeigen dies. Zu nennen sind hier auch die berühmten Mosaiken in Tabgha am See Genezareth. Das Fischsymbol war in Verfolgungszeiten der frühen Christenheit ein Geheimzeichen. Die Buchstaben des griechischen Wortes für Fisch, »ICHTHYS«, sind zugleich die Anfangsbuchstaben des Grundbekenntnisses unseres Glaubens in griechischer Sprache: I = Jesus, CH = Christus, TH = Gottes, Y = Sohn, S = Retter. Damit ist die Mitte unseres christlichen Lebens symbolisch zum Ausdruck gebracht: Jesus Christus ist Gottes Sohn und Retter der Welt.

ICHTHYS – ein Erkennungssymbol. Jesus-Leute sind überall zu treffen. Das ermutigt und zeigt, dass Jesus zu den Pfingstverheißungen steht. Menschen, die sich zu ihm bekennen, bilden die weltweite Kirche über Konfessionsgrenzen hinweg. Wenn ich den Fischaufkleber an irgendeinem Auto entdecke, freue ich mich über Christen, die sich zu Jesus stellen und ihren Glauben nicht verbergen.

ICHTHYS – ein Bekenntniszeichen. »Was bedeutet dieser Fisch an Deiner/Ihrer Heckscheibe?« Diese Frage eines Mitmenschen, sei es ein Mitstudent oder eine Arbeitskollegin, gibt uns die Chance, das Evangelium von Jesus Christus weiterzuerzählen. Diese einfache Frage fordert uns aber auch heraus, Farbe zu bekennen. Nein, das Gespräch über Anglervereine, über Kirchenzugehörigkeit oder Vereinszeichen ist jetzt nicht gefragt. Jesus in seiner ganzen Größe und Liebe steckt hinter diesem Fischsymbol. Er soll das Thema sein. In einer allgemein religiösen Welt brauchen wir den frischen Mut, Jesus Christus als Sohn Gottes und Retter der Welt zu bekennen.

ICHTHYS – eine Dankvignette. Durch seine Rettungsaktion hat Jesus Christus uns aus der Sklaverei der Sünde befreit. Seine Kraft reißt uns aus dem Tod ins Leben. Durch Jesus wird unser Leben und einmal auch unsere ganze ungerechte Welt neu. Diese Hoffnung ist ein Grund zur Freude und zum Dank. Jedes Fischzeichen am Auto kann ein solcher Anstoß zum Danken und zum Gespräch sein – mitten im Alltagstrott. Was für eine Chance!

Lasst das Wort Christi reichlich unter euch wohnen: Lehrt und ermahnt einander in aller Weisheit.

Kolosser 3,16

Worte, die heilen

Vor einigen Jahren lag ich viele Wochen mit einer Krebserkrankung im Krankenhaus in Nürnberg. In meinem Einzelzimmer setzte ich mich mit vielen existenziellen Lebensfragen auseinander. Auch die Frage »Bist du bereit zu sterben?« wühlte meine Seele auf. Ich würde doch so gerne noch viele Jahre mit meiner Frau und mit meiner Familie erleben. Auch meine Enkel wollte ich aufwachsen sehen. »Mein Gott, warum diese aggressive Krankheit und mein 65. Geburtstag hier im Krankenzimmer?« Zweifel kamen auf.

Gerade in dieser harten Zeit habe ich viel Liebe von meiner Frau und meiner Familie erfahren. Viele gute Freunde haben für mich gebetet und für mich geglaubt, sodass ich einen tiefen Frieden erlebt habe. Gott hat mir ein zweites Leben geschenkt. Heute kann ich als Verkündiger wieder fröhlich unterwegs sein.

Eine besondere Erfahrung, für die ich sehr dankbar bin, werde ich nie vergessen. Georg, ein erfolgreicher Unternehmer und Freund, der eine leidenschaftliche Liebe zu Jesus lebt, hat mir regelmäßig am Morgen übers Handy ein gutes Wort von Gott geschickt. Für mich sind diese biblischen Zusagen damals, in den manchmal trostlosen Wochen, Worte direkt aus dem Himmel für meine verwundete Seele gewesen. Eine Ermutigung, die wirklich geholfen und zur Heilung beigetragen hat. Georg hat trotz all seiner beruflichen Belastung praktisch das umgesetzt, was in Kolosser 3,16 gemeint ist: »Ermutigt einander in aller Weisheit mit Worten Christi.«

Wo gibt es heute in Ihrem Umfeld Menschen, die solch eine Ermutigung aus Gottes Wort brauchen? Vielleicht ein kurzes Telefonat, eine WhatsApp mit einem Bibelwort oder eine Postkarte, die Mut macht, auch dann, wenn wir nicht regelmäßig persönliche Besuche machen können. Denn für uns als Christen gilt: Wir sind alle zum Segen berufen.

Sei stille dem Herrn und warte auf ihn.

Psalm 37,7

Drei Minuten Stille kaufen

In manchen Dorfgaststätten findet man noch heute die großen, chromglänzenden Musikautomaten der Sechzigerjahre des letzten Jahrhunderts mit herzergreifenden Schlagern von Liebe, Fernweh und großen Träumen. Ich kenne das noch aus meiner Jugendzeit. Nach dem Geldeinwurf wurde die gewünschte Schallplatte automatisch auf den Plattenteller gelegt und abgespielt. Man sagt, dass manche Musikautomaten so eingerichtet waren, dass man bei ihnen nicht nur Songs, sondern auch drei Minuten Stille kaufen konnte.

Stille in unserer lauten Welt ist rar geworden. Und doch haben wir Augenblicke der Stille für unsere seelische Hygiene dringend nötig, besonders auch für unser geistliches Leben. Stille vor Gott ist lebens- und glaubensentscheidend. Nur im ungestörten Hören auf Gottes Wort wird unser Herz ergriffen und erneuert.

Drei Gründe, warum und wozu wir Stille brauchen:

Erstens: *um Gottes Wort zu verstehen.* Die alte Sitte, den Tag mit einer stillen Zeit vor Gott zu beginnen, sollten wir wieder ernst nehmen. Gottes Wort am Morgen hilft, die richtigen Prioritäten zu setzen.

Zweitens: *zum Nachdenken.* Viele rennen gedankenlos durch ihren Alltag. So verliert man schnell die Lebensrichtung, und auch das Christsein verliert jegliche Gottesqualität. In unserer lauten Welt brauchen wir Oasen der Stille zum Nachdenken.

Drittens: *für stille Gespräche.* Ehrliche Gespräche und ehrliches Zuhören gelingen nur in einer Atmosphäre der Ruhe. Wer in einem persönlichen Gespräch vor Gott und einem Mitchristen sein Herz ausschütten kann, der bekommt Hilfe und Trost. In unserer Welt der Informationsflut und Datenautobahnen – wir reden von Digitalisierung 4.0 – brauchen wir nicht nur die aktuellen Weltnachrichten, sondern die neuesten Gottesnachrichten aus der Bibel.

Zum Glück müssen wir uns diese stille Zeit mit Gottes Wort nicht teuer einkaufen, sondern nur bewusst einplanen. Heute bekommen wir eine neue Chance dazu.

Der Herr hat Großes an uns getan;
des sind wir fröhlich.
Psalm 126,3

Wie ein fantastischer Traum

Wir hören einen Chorgesang der Gefangenen im 126. Psalmlied. Die Folterstriemen der babylonischen Aufseher sind noch spürbar. Die Juden waren weggeschleift worden aus ihrer Heimat, aus Jerusalem. Sie waren nun Ausländer im heutigen Irak, eingepfercht im Getto der Weltstadt Babylon. Himmelschreiendes Elend. Müll der Weltgeschichte. Ich staune darüber, wie die Menschen in dieser Situation reagieren, und lade Sie ein, den ganzen Psalm 126 zu lesen.

Drei Perspektiven gewinnen wir aus diesen Versen:

Gottes Hilfe sehen und danken. Viele kennen die Erfahrung, dass unüberwindbare Problemberge für Gott kein Problem sind. Er reißt mitten aus Albträumen heraus und überwindet Mauern von Unrecht und Schuld. Die gefangenen Juden von Babylon machten es genau richtig. Sie erinnerten sich an Gottes Hilfe und stimmten deshalb dieses Danklied an. Ich lade Sie ein, Ihr Tagebuch mit der doppelten Frage aufzuschlagen: »Wofür kann ich heute danken? Wo habe ich in meinem Leben Gottes Hilfe erlebt?« Wer Danke sagen kann, bekommt eine tiefe Freude. Freude ist Lebensmedizin in den Sturmzeiten unseres Alltagsgeschäfts.

Gottes Kraft sehen und bitten. Natürlich kämpft jeder von uns um sein Lebensrecht und um ein gelingendes Leben. Dabei stoßen wir täglich an unsere Grenzen. Christen verstecken sich bei offenen Lebensfragen und -nöten nicht in einer Traumwelt voller Illusionen. So wie auch die Gefangenen in Babylon keine frommen Traumtänzer waren, sondern die Realität sahen und deshalb ihre Not vor Gott brachten. Wer Gott um Hilfe bittet, bekommt neuen Mut und Kraft zum Handeln. Ich lade Sie zu einem offenen Gespräch mit dem großen Gott ein, der uns ermutigt.

Gottes Zukunft sehen und hoffen. Die Gefangenen in Babylon hatten ein traumhaftes Bild ihrer Zukunft. »Wenn der Herr die Gefangenen Zions erlösen wird, so werden wir sein wie die Träumenden. Dann wird unser Mund voll Lachens und unsre Zunge voll Rühmens sein.« Mitten in schweren Schicksalsschlägen gab Gott ihnen echten Trost und eine fröhliche Hoffnung.

Ich stand am offenen Grab eines lieben Menschen. Trauer trieb Tränen in meine Augen. Warum hatte Gott diesen Freund weggerissen? Plötzlich stand der 126. Psalm vor meinen Augen. Die starke Hoffnung dieses Gefangenenliedes säte Freude und Trost in mein Herz.

Trachtet nach dem, was droben ist.

Kolosser 3,2

Der rote Lebensfaden

Am roten Lebensfaden hing alles … Sie erinnern sich vielleicht noch an die Jungscharspiele im Wald. So ist es auch im wirklichen Leben. Die Bibel zeigt es deutlich: An der Verbindung zu Gott hängt alles. Der Lebensfaden zu unserem Schöpfer ist entscheidend.

Einige Gedanken dazu:

Den Lebensfaden verloren. In unserer modernen Wohlstandswelt haben Menschen den Faden zu Gott verloren. Besonders junge Leute spüren den Verlust und sehnen sich nach Halt, nach Geborgenheit, nach Liebe, nach Anerkennung und Hilfe. Viele Menschen suchen einen neuen Gotteskontakt.

Der Faden wird neu geknüpft. Es ist ein großes Wunder, dass Gott den Faden zu uns selbstherrlichen Menschen neu geknüpft hat. Schon im Alten Testament wird deutlich, dass Gott in verständlicher Sprache zu uns spricht. Wir sind ihm nicht egal. Gott spricht dann durch das Wunder seiner Liebe, in dem er Jesus Christus in diese Welt schickt. Jesus ist die Zuwendung Gottes in Person. Jesus knüpft für uns den Lebensfaden zu seinem Vater im Himmel. Einen Faden, der nie zerreißt.

Jesus ist ins Fadenkreuz der Bosheit geraten. Ich erschrecke immer wieder, wenn ich die Nachrichten höre, wie viel Bosheit und Gewalt es in dieser Welt gibt. Neid, Hass und Zerstörung bestimmen unsere Tage. Jesus hat dies selbst getroffen, als die Volksmenge damals schrie: »Kreuzige ihn!« Man schlug ihm ins Gesicht und spuckte ihn an. Dann wurde er hinausgeführt vor die Stadt Jerusalem und ans Kreuz genagelt. Der Sohn Gottes starb zur Versöhnung für die Welt – für uns.

Gottes Geduldsfaden ist nicht zerrissen. Gott hat ausgehalten bis zum Tod seines Sohnes am Kreuz. Am Ostermorgen hat er Jesus auferweckt und alle Todesmächte entmachtet.

Gott hat den Lebensfaden neu eingefädelt. Nicht Zerbruch und Chaos sind das Letzte, sondern der Sieg des Lebens. Für jeden von uns, auch für die größten Verlierer in dieser Welt, gilt die Zusage: Gott öffnet dir den Himmel!

Gott spannt leise feine Fäden. Als ich mit 19 Jahren in Reutlingen meine fadenscheinigen Ausreden überwunden hatte, konnte ich Jesus hören und echten Glauben wagen. Dadurch bekam mein Leben einen spannenden Drive und einen festen Halt.

Der Lebensfaden seiner Liebe hält uns fest!

Jesus spricht: Meine Schafe hören meine Stimme, und ich kenne sie und sie folgen mir.

Johannes 10,27

Wer gibt den Ton an?

Das ist eine echte Frage im Zusammenleben unserer Gesellschaft, unserer Gruppen und Kreise, auch in unseren Gemeinden und Familien: Wer gibt den Ton an?

Bei der Bundeswehr war es damals, als ich dort meinen Wehrdienst ableistete, keine Frage. Ich erinnere mich gut an die stundenlangen Märsche tagsüber. Oft fielen wir todmüde spätnachts in die Falle. Weit weg in den schönsten Träumen riss uns dann der schrille Pfeifton des Unteroffiziers um zwei Uhr morgens aus dem tiefen Schlaf: »Kompanie, aufstehen! Marsch, Marsch! NATO-Alarm!« Der laute Befehlston ging durch Mark und Bein.

Wer gibt den Ton an? Im Sport wissen wir es. Die Fußballmannschaft muss auf den Trainer und den Schiedsrichter hören. Gewinnertypen können auf Pressekonferenzen viele große Reden führen, aber während des Spiels haben andere das letzte Wort.

Wer gibt den Ton an? In der Weltpolitik ist dies schon schwieriger. Leider sprechen in vielen Kriegsgebieten die Waffen der Zerstörung. Ich habe es selbst erlebt: Beim Völkermord in Ruanda bestimmte der

Hass zwischen den verfeindeten Stämmen das Geschehen. Friedensappelle wurden übertönt durch brutale Gewalt. Dagegen gibt es nach demokratischen Wahlen in unserem Land Wortgefechte und Koalitionsverhandlungen. Dann wissen wir wieder, wer die nächsten Jahre regiert.

Wer gibt den Ton an? In unserer nächsten Umgebung und Familie erleben wir ein widersprüchliches Konzert. Mutter führt vielleicht im Haus das Kommando, doch Vater will das letzte Wort haben. Eva stampft mit dem Fuß auf und will ihren Kopf durchsetzen. Fritz verliert keine Worte mehr und haut einfach ab. Misstöne, harte Befehlstöne, arrogante Ego-Töne und Töne von Streit und Widerspruch bestimmen selbst unseren überschaubaren Alltag. Wer gibt den Ton an – das ist wirklich eine Lebensfrage.

Ich freue mich darüber, dass Jesus einen neuen Ton in unsere Welt hereinbringt. Es ist der Ton seiner Liebe und seines Erbarmens. Deshalb lasst uns auf seine gute Stimme hören. Denn wenn Jesus den Ton in unserem Leben angibt, dann kommt Frieden in unsere Beziehungen und Versöhnung in unsere zerrissene Welt. Jeder kann dies heute erleben.

Gott spricht: Siehe, ich mache alles neu!
Offenbarung 21,5

Das Zukunftsbild Gottes

Fotografieren ist ein leidenschaftliches Hobby von mir. Ich freue mich an gelungenen Fotos aus Familien- und Urlaubszeiten. Beim Betrachten werden schöne Erinnerungen wach. Wir brauchen alle für unsere Seele gute Bilder zum Danken, zum Loben, zur Freude und zum Staunen. Gerade in einer Zeit, in der wir permanent Katastrophenbilder sehen müssen, Bilder der Zerstörung, des Unheils, des Todes, brauchen wir gute Bilder, die unser Leben aufhellen. Deswegen steht in der Bibel auch der Satz: »Vergiss nicht, was der Herr dir Gutes getan hat.«

Wir brauchen Bilder, um unser Leben führen zu können, Bilder, die zeigen, wie Freundschaften gelingen, wie man eine gute Ehe führt und Familie gestaltet. Bilder für unsere Berufung und auch Bilder für unsere Gemeindearbeit. Wer kein klares Bild für die Lebensgestaltung hat, für den wird der Alltag zur Geisterbahn.

Aber wir brauchen nicht nur Bilder im Rückblick oder für das alltägliche Leben, wir brauchen sie ebenso für die Zukunft. Die Zukunft unserer Persönlichkeit und auch die des Weltgeschehens. Wir fragen: Wohin geht die Reise?

Die Bibel zeigt uns Gottes Zukunftsbild. Er will eine

neue Welt schaffen. Mit dieser göttlichen Perspektive lässt sich getrost leben, Verantwortung in unserer Gesellschaft übernehmen und auch in Frieden mit Gott einmal sterben. Besonders in Not und Krisenzeiten schauten Menschen auf dieses Zukunftsbild Gottes, das Mut gibt und Kraft schenkt.

Als ich das erste Mal nach Afrika kam, besuchte ich mitten im Busch ein großes Leprakrankenhaus, das von süddeutschen Schwestern geleitet wurde. Ich fragte sie: »Woher habt ihr die Kraft zur Liebe für diese kranken Menschen auf den Stationen?« Eine der Schwestern nahm mich mit in die Klinikkapelle. Ich war erstaunt über den schwarzen Christus am Kreuz. Sie sagte mir: »Schau bitte dieses Bild an!« Es war das Zukunftsbild von Offenbarung 21. Und sie erklärte weiter: »Dort sind Menschen zu sehen ohne Leid, ohne Tränen, ohne Krankheit. Der Tod hat keine Macht mehr. Gott macht alles neu.« Diese Zukunftsperspektive gab den Schwestern Kraft, Liebe und Mut, ihren Dienst zu tun.

Auch wir können vom Zukunftsbild Gottes die richtige Lebensperspektive gewinnen, mit der wir in dieser Welt fröhlich leben und mutig Großes gestalten können.

Was kein Auge gesehen und kein Ohr gehört hat
und in keines Menschen Herz gekommen ist,
was Gott bereitet hat denen, die ihn lieben.

1. Korinther 2,9

Auf den Standort kommt es an!

Ich nehme Sie jetzt mit in das israelische Hadassah-Krankenhaus in Jerusalem. Dort gibt es an einer tiefen Stelle die berühmte Synagoge mit den bunten Glasfenstern, die Marc Chagall gestaltet hat. Thema sind die zwölf Söhne Jakobs und der Segen, den sie von ihrem Vater erhalten haben. Wenn man von außen auf die Glasfenster des Gebäudes zugeht, sieht man nur ein wirres Durcheinander von Bleieinfassungen und dunklen Glassplittern. Wer nicht direkt auf die Synagogenkuppel hingewiesen wird, geht normalerweise achtlos vorbei. Die Außenansicht lässt uns kalt.

Wer dann aber den Innenraum der Synagoge besucht, wird überwältigt von den bunten Farben und den raffinierten Formen der Glasbilder Marc Chagalls. Jakobs Segen begeistert und berührt unsere Seele. Das Geheimnis ist klar. Wenn die Sonne des Orients durch die Glasfenster scheint, kommt alles hell zum Leuchten und bekommt einen fantastischen Glanz. Die Innenansicht begeistert richtig. Wir erkennen: Auf den richtigen Standort kommt es an.

So ist es auch mit unserem Glauben an Jesus Christus. Von außen betrachtet, bleibt vieles dunkel und verworren. Wie konnte Gott als Kind an Weihnachten in unsere Welt kommen? Warum musste Jesus am Kreuz sterben? War das Grab an Ostern wirklich leer? Viele sprechen Zweifel aus. Wie kann dieser Jesus Christus heute meinem Leben Halt und Zukunft geben? Eine dunkle Außenansicht.

Wer aber die Einladung annimmt und in den Glauben hineingeht, Jesus nachfolgt, der erlebt, wie die Sonne der Liebe Gottes einen neuen Glanz ins Leben bringt und der christliche Glaube klare Konturen bekommt. Täglich können wir dann staunen und danken für das, was Gott uns Gutes tut. Auf den richtigen Standort kommt es an – außen oder innen. Ich lade Sie ein, heute in den Raum der Liebe Gottes einzutreten und sich von seinem Licht bescheinen zu lassen.

Ich vergesse, was dahinten ist, und strecke mich aus nach dem, was da vorne ist.

Philipper 3,13

Der schönste Platz

Viele Jahre lange durfte ich mit der MS Columbus wunderbare christliche Traumschiffreisen durchführen. Ich bin von solchen Kreuzfahrtschiffen fasziniert! Wir haben in dieser Urlaubsgemeinschaft erlebt, was es heißt: »Ein Schiff, das sich Gemeinde nennt, fährt durch das Meer der Zeit.« Wo ist nun der schönste Platz an Bord? Übertragen: Wo ist der beste Platz für uns Christen in unserer Welt?

Am Heck ist der Swimmingpool mit Liegestühlen zum Relaxen. Der Blick zurück auf die Wasserfurchen im Meer kann wirklich erfreuen und dankbar machen. Gott hat uns durch alle Wellen und Stürme des Lebens hindurchgetragen.

Manche sind gerne in ihrer Kabine und genießen die Ruhe des Urlaubs. Jesus Christus will, dass wir bei Gott zur Ruhe kommen. Endlich Ruhe für unsere aufgewühlte Seele. Der Schöpfer ist kein herzloser Treiber. Deshalb schenkt er uns immer wieder Zeit zum Ausruhen, auch mitten in der rauen See unseres Lebens.

Viele Gäste freuen sich auf die herrlichen Speisen im Restaurant und genießen die Geschenke des Lebens. Vieles, was wir täglich selbstverständlich genießen, sind

Geschenke aus Gottes gütiger Hand. Wir haben viel Grund, Danke zu sagen.

Wissen Sie, wo mein Lieblingsplatz auf dem christlichen Traumschiff ist? Mich begeistert der Platz am Bug – ganz vorne auf Deck finden Sie mich am häufigsten. Den frischen Wind um die Ohren, die Kraft des Schiffes erleben, wie es sich durch das Wasser pflügt und über die Wellen gleitet, und dabei das Ziel vor Augen. Dies ist auch der gute Platz für uns Christen. Mitten in den Herausforderungen des Lebens dennoch Gottes Ziel im Blick. Wenn Jesus der Kapitän meines Lebensbootes ist, kann ich voller Freude meinen Blick nach vorne richten. Ich weiß, dieser Herr, bringt uns sicher in den Heimathafen der himmlischen Welt. Was ist das für eine Hoffnung, die uns Mut macht, das Leben zu feiern und zu gestalten!

Bibliografische Information der Deutschen Nationalbibliothek
Die Deutsche Nationalbibliothek verzeichnet diese Publikation in der Deutschen Nationalbibliografie; detaillierte bibliografische Daten sind im Internet über http://www.dnb.de abrufbar.

ISBN 978-3-8429-1632-6

Bestell-Nr. 5.121.632

Umschlagbild: Getty Images / ALEXIUZ; Rückseite (Autorenfoto): mit freundlicher Genehmigung von Matthias Schmitt
Innenbilder: S. 5: Getty Images / Yevhenii Dubinko; S. 11: Getty Images / YuliyaP; S. 13: Getty Images / DESKCUBE; S. 15: Getty Images / Alfadanz; S. 19: Getty Images / Viacheslav Shafranov; S. 25: Getty Images / MrsWilkins; S. 29: Getty Images / natrot; S. 31: Getty Images / Creative_Outlet: S. 35: Getty Images / Barbulat; S. 39: Getty Images / Zdenek Sasek; S. 47: Getty Images / PeterHermesFurian; S. 51: Getty Images / nitiwa; S. 57: Getty Images / Iknuitsin Studio; S. 61: Getty Images / Rixipix; S. 63: Getty Images / drante
Umschlaggestaltung, Layout und Satz: Ch. Karádi
Lektorat: Dr. Ulrich Parlow
Gesamtherstellung: Drukarnia Dimograf, Bielsko-Biała, Polen
Printed in the EU 2019

www.media-kern.de